TIME FOR KIDS

# Artesanía: VIDRIO soplado

Madison Spielman

## Asesor

**Timothy Rasinski, Ph.D.**
Kent State University

## Créditos

Dona Herweck Rice, *Gerente de redacción*
Robin Erickson, *Directora de diseño y producción*
Lee Aucoin, *Directora creativa*
Conni Medina, M.A.Ed., *Directora editorial*
Ericka Paz, *Editora asistente*
Stephanie Reid, *Editora de fotos*
Rachelle Cracchiolo, M.S.Ed., *Editora comercial*

**Créditos de las imágenes**
Cover & p.1 Juan Jose Pascual/Photolibrary; p.3 Pyast/Shutterstock; p.4 Linda Woods-Illustration; p.4 suuny337(kiln fire)/Shutterstock; p.5 top: Flight Collection/Newscom; p.5 bottom: akg-images/ CDA/ Guillot/Newscom; p.6 top: Northwind Pictures ; p.6 bottom: Russell Shively/Shutterstock; p.7 Ralf Hettler/iStockphoto; p.8 akg-images/ Newscom; p.9 top: Paul Mckinnon/Dreamstime; p.9 bottom: s70/ZUMA Press/Newscom; p.10 top: Ilka Burckhardt/ Dreamstime; p.10 bottom left: Darryl Brooks/Shutterstock; p.11 top: Darryl Brooks/Dreamstime; p.11 bottom: tunart/ iStockphoto; p.12 top: Alexey Stiop/Shutterstock; p.12 Terry Davis/Shutterstock; p.12 Ondřej Mangl/wikimedia; p.12 Tyler Boyes/Shutterstock; p.12 Anna Kucherova/Shutterstock; p.13 top: Jeffrey Hochstrasser/iStockphoto; p.13 bottom: Rago Arts/Shutterstock; p.14 Jose Gil/Shutterstock; p.15 Bobby Deal/RealDealPhoto/Shutterstock; pp.16–17 ZUMA Press; p.17 Margo vanLeeuwen/iStockphoto; p.18 Jim West/Photolibrary; p.19 Florian Kopp/Photolibrary; p.20 top: itakefotos4u/iStockphoto; p.20 bottom: Andreas Kuehn/Getty Images; p.21 top: Janine Wiedel/Photolibrary; p.21 bottom: mayo5/iStockphoto; p.22 top: Jim West/Photolibrary; p.22 bottom: Andreas Teske/iStockphoto; p.23 top: Dr Wilfried BahnmÃ¼ller/Photolibrary; p.23 bottom: Florian Kopp/Photolibrary; p. top: 24 Marta Tobolova/ Shutterstock; p.24 bottom left: Targa/Photolibrary; p.24 bottom right: mayo5/iStockphoto; p.25 Florian Kopp/ Photolibrary; p.26 top: BW Folsom/Shutterstock; p.26 bottom Leifr/Shutterstock; p.27 Jmatzick/Shutterstock; p.28 left to right, top to bottom: Paul Mckinnon/Dreamstime; Bobby Deal/RealDealPhoto/Shutterstock; Dr Wilfried BahnmÃ¼ller/Photolibrary; ZUMA Press; Florian Kopp/Photolibrary; backcover: Rago Arts/Shutterstock

Basado en los escritos de *TIME For Kids.*



**Teacher Created Materials**
5301 Oceanus Drive
Huntington Beach, CA 92649-1030
http://www.tcmpub.com

**ISBN 978-1-4333-4446-6**

# Tabla de contenido

# Historia del vidrio soplado

El soplado de vidrio es un arte muy antiguo. Comenzó hace unos cuatro mil años en Mesopotamia.

El soplado de vidrio consiste en soplar aire dentro de vidrio líquido para darle forma.

La antigua Roma fue el primer lugar donde el vidrio se utilizó en forma popular. La primera caña metálica para soplar vidrio fue inventada en Roma. Los romanos pudieron fabricar fácilmente vidrio de buena calidad.

# Un Nuevo Mundo de vidrio

El soplado de vidrio fue una de las primeras industrias del Nuevo Mundo. El capitán John Smith llevó **sopladores** de vidrio de Europa a América.

Los sopladores crearon el vidrio soplado. Construyeron una fábrica cerca de las arenosas costas de Jamestown.

el soplado de vidrio—
hace mucho tiempo

Antes había muchas más personas que sabían soplar vidrio.

el soplado de vidrio—hoy en día

Sin embargo, los sopladores de vidrio actuales trabajan en forma muy parecida a como se hacía hace mucho tiempo atrás.

El soplado de vidrio no ha cambiado mucho con el paso del tiempo.

Los sopladores de vidrio usan herramientas muy similares a las utilizadas por los antiguos romanos.

# El soplado de vidrio en la actualidad

Los materiales principales necesarios para fabricar vidrio son arena, cal, carbonato de sodio, potasa y calor intenso.

| potasa |  |
|---|---|
| carbonato de sodio |  |
| cal |  |
| arena |  |

En ocasiones se agregan sustancias químicas para darle color al vidrio.

¿Cómo se transforman estos ingredientes en objetos de vidrio? Sigue leyendo para saberlo.

Se mezclan y calientan los ingredientes.

Hoy en día se utilizan **hornos** de gas para producir el calor. En el pasado se usaban hornos de ladrillo alimentados con madera.

Se usa un horno para fundir el vidrio. La temperatura del fuego que se usa para hacer vidrio es muy alta. El horno tiene una cortina especial para protección.

Una vez que el horno alcanza la temperatura necesaria, los ingredientes se funden para formar vidrio líquido.

Los sopladores de vidrio deben tener mucho cuidado para no quemarse.

El soplador de vidrio toma un poco de vidrio fundido en el extremo de un largo tubo llamado **caña de soplar**. A este se le llama una **carga**.

Después, hace girar la carga sobre una mesa o paleta plana y lisa. Así le da forma al vidrio y lo enfría un poco.

Luego, el soplador sopla por la caña para formar una burbuja. El tamaño de la burbuja depende del tamaño del objeto que quiera crear el soplador.

El soplador calienta el vidrio, sopla y le da forma una y otra vez.

El soplador usa varias herramientas, como moldes y tijeras. El soplador también puede sentarse en una silla especial que tiene brazos largos para sostener la caña.

Muy pronto, el pedazo de vidrio comienza a tomar forma.

Se usan más herramientas para darle el aspecto deseado.

Pueden añadirse tallos, asas y otras piezas, utilizando más cargas.

El hornillo de recocido calienta y enfría el vidrio lentamente para hacerlo más resistente.

El último paso es enfriar el vidrio. El vidrio enfriado con demasiada rapidez se quiebra con facilidad. Por lo tanto, el soplador lo coloca en un **hornillo** especial durante uno o dos días.

# Arte soplado

Antes, el vidrio soplado se usaba para fabricar objetos de uso diario, como platos y tazones. Hoy en día, algunos objetos de vidrio soplado aún se utilizan así, pero muchos son obras de arte.

En las tiendas y muscos hay muchas piezas hermosas hechas de vidrio soplado. ¡Son verdaderas obras de arte!

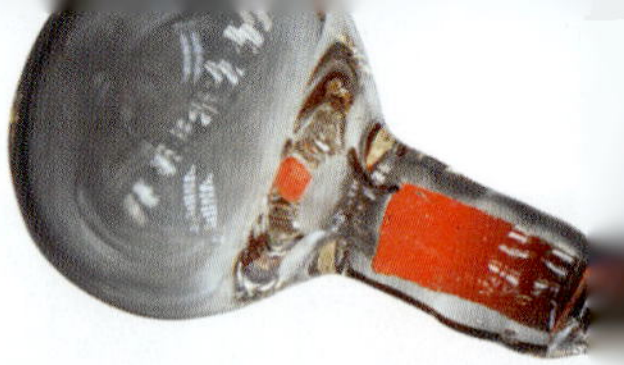

# Glosario

caña de soplar

carga

hornillo

horno

sopladores de vidrio